JOHANN SEBASTIAN BACH

CANTATA

Bleib bei uns, denn es will Abend werden
Bide with us for now is night approaching
(Feria 2 Paschatos)
for 3 Solo Voices, Chorus and Chamber Orchestra
für 3 Solostimmen, Chor und Kammerorchester
BWV 6

Edited by/Herausgegeben von
Hans Grischkat

T0084452

Ernst Eulenburg Ltd

London · Mainz · Madrid · New York · Paris · Prague · Tokyo · Toronto · Zürich

Aufführungsdauer: $24^1/_4$ $(8^1/_4$ - $4^3/_4$ - $4^1/_2$ - 1 - $4^1/_2$ - $^3/_4)$ Min.

J. S. BACH, KANTATE 6

«Bleib bei uns, denn es will Abend werden»

Die Kantate «Bleib bei uns, denn es will Abend werden» gehört seit der Wieder-
entdeckung Bachs im 19. Jahrhundert zu den bekanntesten und meistaufgeführten
Kantaten des Thomaskantors. Obwohl in den Jahren 1850 bis 1900 im Rahmen
der Alten Bachausgabe das gesamte Kantatenwerk im Druck vorgelegt wurde,
hatten sich bis 1930 eigentlich nur etwa zehn von den zweihundert Bachkantaten
stärker durchgesetzt. Unter diesen zehn ist «Bleib bei uns» zusammen mit «Du
Hirte Israel, höre», «Ein feste Burg ist unser Gott» und dem «Actus tragicus»
(Nr. 106: Gottes Zeit ist die allerbeste Zeit) an erster Stelle zu nennen. In einer
Zeit, in der die Aufführung einer Bachkantate zu den Seltenheiten gehörte, konn-
ten in den jährlich erscheinenden Bach-Jahrbüchern noch Zusammenstellungen
über Aufführungen Bachscher Kompositionen veröffentlicht werden. Solche Zusammenstellungen, wie wir sie etwa in den Bach-Jahrbüchern 1906, 1912 und
1914 finden, zeugen eindeutig — wenn man von einigen Solokantaten für eine
Stimme wie «Jauchzet Gott in allen Landen», «Schlage doch, gewünschte Stunde»
oder der Kreuzstabkantate, also Paradestücken berühmter Sängerinnen und Sän-
ger, absieht — von der Sonderstellung unserer Kantate «Bleib bei uns».
Auch die Tatsache, daß der Verlag Breitkopf & Härtel neben der Partitur der
Alten Bachausgabe noch im 19. Jahrhundert zwei Bearbeitungen veröffentlichte,
daß er also gleichzeitig drei verschiedene Partiturausgaben ein und derselben
Kantate herausbrachte, ist ein Beweis für das besondere Gewicht, das der Kantate
Nr. 6 schon frühzeitig beigemessen wurde. Die erste Bearbeitung aus dem Jahre
1887 stammt von Robert Franz, die zweite, 1899, von Felix Mottl. Beide Bear-
beiter haben das Werk neu instrumentiert. Und es mag auch heute noch inter-
essant sein, einen Blick auf diese Ausgaben zu werfen, die in einer Zeit entstanden, als man annahm, daß die Generalbaß-Praxis veraltet und das moderne Or-
chester viel besser geeignet sei, Bachs Intentionen wiederzugeben. Mit einer ge-
wissen Folgerichtigkeit wurde so die Notwendigkeit der instrumentalen Neufas-
sung der Bachschen Orchestersätze begründet. Doch unterscheiden sich die beiden
Ausgaben noch einmal wesentlich voneinander. Robert Franz ändert zunächst
nichts an den von Bach vorgeschriebenen Stimmen und Instrumenten, verwendet
aber für die Ausführung des Generalbasses nicht die Orgel, sondern die jeweils
unbeschäftigten Orchesterinstrumente. So fügt er in den Stücken, in denen Bach
nur einen einzelnen Bläser — Flöte oder Oboe — vorschreibt, meistens das
Streichorchester hinzu, in den voller instrumentierten Arien und Chören finden
wir häufig den Zusatz von zwei Klarinetten, zwei Fagotten und zwei Hörnern.
Felix Mottl dagegen verwendet die Bachschen Stimmen nur, um einen völlig
neuen Orchestersatz zu schreiben. So läßt er z. B. gleich am Anfang die drei Stimmen, die Bach den beiden Oboen und dem Englisch Horn zuteilt, außerdem noch
von zwei Flöten, zwei Klarinetten sowie sämtlichen Geigen und Bratschen spielen. Die Bachschen Geigen- und Bratschen-Stimmen übergibt er zwei Hörnern.
Das Gesamtinstrumentarium Mottls in der Kantate besteht aus zwei Flöten, zwei
Oboen, zwei Klarinetten, drei Fagotten, vier Hörnern, zwei Trompeten, drei
Posaunen, Tuba und drei Pauken.

Die Drucklegung dieser beiden Ausgaben neben der Ausgabe der Bachgesellschaft in ein und demselben Verlag zeigt also deutlich, welche Verbreitung schon damals, als die Aufführung einer Bachkantate noch ein seltenes Ereignis war, gerade dieses Werk gehabt haben muß. Diese Sonderstellung wird verständlich, wenn wir uns den von tiefer Poesie erfüllten Einleitungs-Chor — das überragende Stück der Kantate — vor Augen halten, den Albert Schweitzer in seiner Bachbiographie kurz und bündig als «ein Meisterwerk musikalischer Poesie» bezeichnet. Es ist in der Bachliteratur immer wieder darauf hingewiesen worden, wie der Begriff der Stimmung, der Abendstimmung, im Einleitungs-Chor seinen schönsten Niederschlag gefunden hat. Auch an anderen Stellen des Bachschen Schaffens bemerken wir, wie stark seine Musik stimmungsgebunden wird, ja beinahe romantische Züge annimmt, wenn vom Abend die Rede ist: mag man nun an das berühmte Arioso «Am Abend, da es kühle ward» in der Matthäus-Passion oder an die Einleitungs-Sinfonia der Kantate 42 «Am Abend aber desselbigen Sabbats» denken.

Eine Ausnahme bei Bach stellt auch die Dreiteiligkeit des Eingangs-Chores dar, eine Dreiteiligkeit, die nicht im Textlichen, sondern rein im Architektonischen begründet liegt. Ist doch der — musikalisch zum Hauptteil in stärkstem Kontrast stehende — Mittelteil über den gleichen Text gearbeitet wie Anfang und Schluß des Werkes. Schließlich sei noch auf den Zusammenhang dieses Chores mit den Schluß-Chören der beiden Passionen, insbesondere dem großen Chorepilog der Johannes-Passion «Ruht wohl, ihr heiligen Gebeine» hingewiesen, der sich wohl jedem Hörer unmittelbar aufdrängt: gleiche Tonart, gleicher Takt, nahezu gleiche Instrumentation, und darüber hinaus starke Ähnlichkeit in der Melodik und in den modulatorischen Wendungen.

Für die anschließende Alt-Arie «Hochgelobter Gottessohn» wählte Bach als Begleitinstrument die Oboe da caccia (Englisch Horn). Doch liegt für eine spätere Aufführung, bei der offenbar keine Oboe da caccia zur Verfügung stand, eine von Bach eigenhändig geschriebene Violastimme vor, so daß auch für heutige Aufführungen durchaus die Wahl zwischen Englisch Horn und Viola offen bleibt.

Es folgt eine Choralbearbeitung «Ach bleib bei uns, Herr Jesu Christ», in der der (Chor-)Sopran die einfache Choralmelodie in langen Notenwerten singt, umspielt von den lebhaften Figuren des Violoncello piccolo. Doch sind auch diese Figurationen aus der ersten Choralzeile entwickelt. Dieses Stück wurde von Bach auch für Orgel übertragen und als Nr. 5 in die sogenannten «Schüblerschen Choräle» eingeordnet. Diese von Bach selber vorgenommene Übertragung für Orgel mag auch heute noch den Weg für eine befriedigende Wiedergabe dieses Stückes zeigen, wenn für eine Aufführung kein wirklich hervorragender Cellist zur Verfügung steht. Das Violoncello piccolo besaß bekanntlich fünf Saiten, deren vier tiefste in der Stimmung des Violoncello — C G d a — standen und deren fünfte sich als obere Quinte e' anschloß. Heute, wo wir über dieses Instrument nicht mehr verfügen, entsteht immer wieder die Schwierigkeit, daß diese konzertierende Stimme von einer Bratsche wegen der häufig vorkommenden Töne B As G nicht übernommen werden kann, daß sie aber auf dem Cello wegen der sehr hohen Lage, die auf dem Violoncello piccolo mit seiner fünften Saite leicht zu spielen war, nur schwer darstellbar ist. Doch zeigt die Bachsche Orgelübertragung ja die Möglichkeit, die Stimme des Violoncello piccolo durch die Orgel wiedergeben zu lassen.

Nach einem kurzen Baß-Rezitativ folgt eine, trotz der großen Intervalle in der Singstimme, stille, gesangvolle Tenor-Arie mit Streicherbegleitung. Ein schlichter Schlußchoral «Beweis dein Macht, Herr Jesu Christ» beschließt diese herrliche Kantate.

Die Kantate wurde erstmalig im Jahre 1851 von Moritz Hauptmann in Band I der Alten Bachausgabe veröffentlicht. Außerdem liegt sie jetzt — von Alfred Dürr im Jahre 1955 herausgegeben — in Band I/10 der Neuen Bachausgabe vor. In der Reihe der Taschenpartituren des Eulenburg-Verlages gab Arnold Schering das Werk schon im Jahre 1926 heraus und verbesserte dabei auch eine Anzahl von Fehlern der Alten Bachausgabe, ohne indes eine vollständige Revision durchzuführen. Eine solche übernahm für die vorliegende Taschenpartitur-Ausgabe Paul Horn, der anschließend über seine Revision berichtet.

Spitta datiert die Kantate (Band II Seite 554) in das Jahr 1736. Diese Datierung wird von der ganzen älteren Bachliteratur übernommen. Auch Alfred Dürr schließt sich im Revisionsbericht der Neuen Bachausgabe Seite 45 noch — mit Vorbehalt — dieser Datierung an, betont allerdings ausdrücklich, daß eine zuverlässige Klärung der Entstehungszeit erst nach Untersuchung der Quellen gleichen Wasserzeichens im Rahmen der weiteren Arbeiten zur Neuen Bachausgabe möglich sei. Seine Untersuchungen konnte Dürr dann schon im Bach-Jahrbuch 1957 veröffentlichen mit dem Ergebnis, daß unsere Kantate zweifellos schon im Jahre 1725 entstanden ist und am Ostermontag dieses Jahres, dem 2. April, erstmalig in Leipzig aufgeführt wurde.

Für die vorliegende Taschenpartitur-Ausgabe habe ich, um einen vollständigen Neustich zu vermeiden, Druckbild und Partituranordnung der oben erwähnten Ausgabe von Arnold Schering übernommen.

Hans Grischkat

REVISIONSBERICHT

Auch für die vorliegende Taschenpartitur des Eulenburg-Verlages wurden die beiden Originalquellen des Werkes nochmals eingesehen: a) die vollständig autographe Originalpartitur mit der Signatur *Mus. ms. Bach P 44* im Besitz der ehem. Preußischen Staatsbibliothek Berlin (z. Z. in treuhänderischer Verwahrung in der Universitätsbibliothek Tübingen), b) die nur teilweise autographen Originalstimmen mit der Signatur *Mus. ms. Bach St 7* im Besitz der ehem. Preußischen Staatsbibliothek Berlin. Beiden Instituten wird an dieser Stelle für die Überlassung photographischer Kopien verbindlichst gedankt.

Zu den einzelnen Sätzen der Kantate ist noch folgendes anzumerken:

1. Chor
Originalpartitur und Originalstimmen zeigen im wesentlichen denselben Notenverlauf. Erhebliche Unterschiede bestehen im Eintrag der *piano*-Stellen, der *tr*-Zeichen und der Phrasierungsbögen. Die meisten dieser Details — Ergebnisse mehrerer Aufführungen — finden sich nur in den Stimmen von *St 7* und sind selbst dort nur teilweise autograph, oft mehrdeutig oder innerhalb der Dubletten in unterschiedlichen Lesarten überliefert.

Eine lückenlose Aufzählung aller Differenzen legt A. Dürr (s. o.) vor. Für ein einheitliches und vor allem der Praxis dienliches Notenbild ist eine gewisse Koordinierung bzw. Ergänzung in analogen Fällen unerläßlich. Sie wird in der vorliegenden Ausgabe stillschweigend unternommen, indem in der Regel gleiches Motiv mit gleichen Bezeichnungen versehen, ergänzte *piano*-Einträge in () gesetzt werden. Daneben bleiben aber auch eindeutig gesicherte Phrasierungen stehen, obwohl sie denen des Parallelmotivs widersprechen.

Takt 18, Basso continuo: Die Continuo-Stimme aus *St* 7 verbindet als einzige das 1. und 2. Achtel durch einen Bindebogen. Er wird hier weggelassen, da der Oktavsprung an dieser Stelle (und anderen) sinngemäß getrennt werden sollte. In Takt 131 ist der Bogen allerdings mehrfach belegt und bleibt daher bestehen.

Takt 42, Violine II: Das in diesem Zusammenhang nur hier auftretende Trillerzeichen ist durch eine der beiden Viol. II-Stimmen aus *St* 7 belegt, dort freilich autograph. Wahrscheinlich handelt es sich jedoch um ein Versehen Bachs. Die NBA verzichtet ganz auf den Vermerk des Trillerzeichens.

Takt 105, Basso continuo: Organo- und Cembalo-Stimme aus *St* 7 beziffern die vorletzte Note gleichlautend mit 4. Die NBA übernimmt lediglich die untere Ziffer, hier werden zusätzlich die beiden oberen durch Anpassung an den Klangaufbau dieser Stelle berichtigt.

Takt 110, Oboe da Caccia und Viola: Die Oboe da Caccia liest in *P* 44 und *St* 7 als 5. Note ein *c'*, die Viola-Stimme aus *St* 7 4. Note *c'*. Beide Stellen dürften Schreibversehen sein und werden der Stimmführung des Tenors angeglichen.

Takt 124, Basso continuo: Die *tr*-Bezeichnung zur 2. Note *f* ist nur in der Streicherstimme, nicht in Cembalo- und Organo-Stimme von *St* 7 vermerkt. Ein empfehlenswerter Hinweis für die Ausführung!

2. Arie

Die obligate Instrumentalstimme dieses Satzes ist außer in *P* 44 noch in den Originalstimmen Oboe I, Oboe da Caccia und Viola aufgezeichnet, — ein Beweis dafür, daß Bach die Arie auch mit Viola-Solo ausgeführt hat. Im Notenverlauf stimmen diese Quellen weitgehend überein, nicht dagegen in Bogensetzung und Artikulation. Auch hier ist eine gewisse Vereinheitlichung oder die Entscheidung für e i n e der jeweils überlieferten Lesarten angebracht, zumal sich keine spezielle Phrasierung der Viola von der der Oboe da Caccia abzeichnet. Alle z. T. sehr unterschiedlichen und mehrdeutigen Einzelbefunde der Bogensetzung sind wiederum bei A. Dürr (s. o.) mitgeteilt.

Takt 10, Oboe da Caccia: Die Originalpartitur liest die beiden ersten Noten zunächst als *d'-f'*, korrigiert sodann nach *f'-d'*. Bezeichnenderweise enthalten die Originalstimmen Oboe I, Oboe da Caccia und Viola noch die ursprüngliche, wegen einer Oktavparallele mit dem Basso continuo weniger gute Fassung.

3. Choral

Die Dynamik-Einträge im Basso continuo sind durchweg autograph, die Bogensetzung des Soloinstruments zeigt einige Differenzen, die zugunsten einer einheitlichen Lesart entschieden wurden.

Takt 32, Violoncello piccolo: Das *tr*-Zeichen wird in e i n e r der Originalstimmen überliefert, dort autograph.

Takt 39, Sopran: Der Text der 2. Strophe lautet in der Originalpartitur *bhalt*(en), in der Sopran-Stimme von *St* 7 *behalten* ohne genaue Silbenunterlegung.

4. Rezitativ

Takt 8, Basso continuo: Die Bezifferung der 1. Note G stammt aus der Orgel-Stimme von St 7. Die Cembalo-Stimme liest an gleicher Stelle nur ein $\overset{7}{\natural}$.

5. Arie

Die Einträge zur Dynamik entstammen den Originalstimmen und sind weitgehend autograph. Auch tr-Zeichen und Phrasierungsbögen sind größtenteils den Originalstimmen entnommen.

Takt 16, Tenor: Die Tenor-Stimme aus St 7 ordnet das 1. Viertel als ♫♫ ♪.

P 44 hat die triolische Lesart, der die NBA und auch die vorliegende Ausgabe folgen.

Takt 19, Viola: In der Viola-Stimme aus St 7 steht unter der 2. Note es' ein zweifellos irrtümliches, wahrscheinlich für Takt 21 gedachtes pia von Bachs Hand.

Takt 29, Violine I: Die drittletzte Note lautet in allen Quellen f'. Analogen Stellen zufolge wäre auch fis' denkbar.

Takt 31, Basso continuo: Die zusätzliche Viertelnote C ist nur durch die Originalpartitur belegt. Sie könnte als Schlußnote eines den vorausgehenden Forte-Abschnitt verstärkenden Baßinstruments gelten.

Takt 33, Basso continuo: Die Bezifferung zur 6. Note f lautet in der Organo-Stimme von St 7 irrtümlich $\overset{6}{4}$.

Takt 33 und 39, Tenor: Alle Ausgaben der Kantate (Alte Bachausgabe, Neue Bachausgabe, Eulenburg-Taschenpartitur, herausgegeben von Arnold Schering, und sämtliche Klavierauszüge) textieren heller (Komparativ). Doch zeigen Stimmen und Originalpartitur eindeutig die Lesart helle, was auch dem Sinn dieser Stelle besser entspricht. Die Herausgeber der Neuen Bachausgabe berichtigten diese Stelle in einem später herausgegebenen Druckfehlerblatt in helle.

Takt 37, Tenor: Die rhythmische Gruppierung des 2. Achtels bleibt in der Originalpartitur unklar, die Tenor-Stimme von St 7 überliefert ein sinnwidriges ♫♫.

In Anlehnung an Takt 44 wird ♪♫ gewählt (so auch NBA).

6. Choral

Takt 4: Alle Singstimmen aus St 7 textieren eine Zusatzsilbe: du ein Herr aller, ohne eine genaue Notenverteilung anzubieten. Die vorliegende Ausgabe unterlegt die heute gebräuchliche Gesangbuch-Fassung der Luther-Strophe.

Takt 6, Basso continuo: Die Continuo-Stimme aus St 7 notiert das 2. Viertel irrtümlich einen Ton zu tief.

Takt 7: Alle Singstimmen aus St 7 fügen eine Zusatzsilbe ein, ohne deren Unterlegung anzugeben (Sopran, Alt, Baß: daß sie dich lobe in, Tenor: daß wir dich loben in). Auch hier wird die heute gebräuchliche Gesangbuch-Fassung eingesetzt.

Paul Horn

J. S. BACH, CANTATA No. 6
«Bide with Us»

Since the rediscovery of Bach in the 19th century, the cantata «Bide with Us, for now Is Night Approaching» is one of the best known and most frequently performed of his cantatas. Within the framework of the Old Bach Edition all the cantatas of the Cantor of St. Thomas' have been issued in print between the years 1850 and 1900; yet until 1930 only about ten of the more than two hundred Bach cantatas had achieved some measure of popularity. From amongst these ten «Bide with Us» must be mentioned first and foremost, together with «Thou Shepherd Bountiful» (No. 104), «A Stronghold Sure» (No. 80) and the «Actus Tragicus» (No. 106, «Mighty God, His Time Is ever Best»). In the days when the performance of a Bach cantata was something of a rarity it was possible for the Bach Yearbooks to publish an annual list of performances of Bach's compositions. A study of these lists (such as they are to be found in the Yearbooks of 1906, 1912 and 1914) gives indisputable evidence that, apart from some solo cantatas for a single voice such as «Praise Ye God throughout Creation» (No. 51), «Strike, oh Strike, Awaited Hour» (No. 53) or the *Kreuzstab*-Cantata (No. 56) which are the virtuoso pieces of famous singers, the cantata «Bide with Us» occupies a very special place.

If further proof be needed that this cantata was always considered to be something special, this can be found in the fact that in the 19th century Breitkopf & Härtel published not only the score of the Old Bach Edition, but two further scores of arrangements of the same cantata, so that by the year 1900 they had issued a total of three scores of the work. The first of these arrangements dates from 1887 and is by Robert Franz, the second (of 1899) by Felix Mottl. Both arrangers have re-orchestrated the work, and even today it is quite interesting to glance at these editions, as they came into being at a period when the old style of composition with a *basso continuo* was considered outdated and it was thought that the modern orchestra was much better qualified to give full expression to Bach's intentions. The logical consequence of this reasoning resulted in the necessity to revise the instrumentation of Bach's orchestral movements. Yet the two editions mentioned above vary considerably: Robert Franz made no basic alterations in Bach's vocal and instrumental parts, but for the execution of the *continuo* he dispensed with the organ and employed such instruments as were not otherwise playing at that particular moment. In movements where Bach only prescribed an individual wind instrument (flute or oboe) he generally added the string orchestra; in arias and choruses with a fuller orchestral accompaniment he frequently brought in two clarinets, two bassoons and two horns. Felix Mottl, on the other hand, only used Bach's instrumentation as a starting point for a completely new orchestral setting. At the very beginning he has the three parts which Bach wrote for two oboes and cor anglais doubled by two flutes, two clarinets as well as all the violins and violas; Bach's violin and viola parts, however, he transfers to two horns. All in all, Mottl's orchestration of the cantata requires two flutes, two oboes, two clarinets, three bassoons, four horns, two trumpets, three trombones, tuba and three timpani.

The fact that one and the same publisher issued these two arrangements as well as the score in the Old Bach Edition gives a clear indication of the popularity which this work must have enjoyed at a time when the performance of a Bach cantata was as yet a rare occurrence. However, when experiencing the profound poetry of the opening chorus (the greatest movement of the cantata, which Albert Schweitzer in his Bach biography calls «a masterpiece of musical poetry») its special appeal becomes evident. Throughout the entire Bach literature it has been pointed out again and again how this feeling of the evening mood has found its most beautiful expression in this opening chorus. Indeed, it is noticeable in this and many other of Bach's compositions how his music becomes richly emotional, not to say romantic, whenever this subject of «eventide» comes to the fore: if further proof be needed, a mention of the famous *Arioso* «At evening, hour of calm and peace» from the St. Matthew Passion or of the opening *Sinfonia* of Cantata No. 42, «And in the evening of that very Sabbath», will suffice.

Another reason for the exceptional place which this opening chorus takes within Bach's work as a whole is its ternary form; a ternary form which is purely architectural and not induced by the text, for the middle section which stands in such utter contrast to the main part is based on the same text as the beginning and end of the movement. Finally mention must be made of the connection between this chorus and the closing choruses of the two passions, in particular the great choral epilogue of the St. John Passion, «Rest here in peace». There is an inner connection which every listener will notice immediately: the same key, the same time signature, almost the same instrumentation, and beyond all this a marked similarity of melodic line and modulation.

For the following alto aria «Son of God, enthroned on high» Bach chose the oboe da caccia (cor anglais) as accompanying instrument, but for a later performance (for which apparently no oboe da caccia was available) Bach wrote out a viola part in his own hand, so that for present day performances the choice of either cor anglais or viola is permissible.

Then follows a chorale arrangement «Abide with us, our Blessed Lord», in which the simple chorale melody is sung by the sopranos of the choir in long note values whilst the violoncello piccolo weaves lively figurations around it, but these figurations are also evolved from the first verse of the chorale. Bach himself made an organ arrangement of this movement, and it is comprised as No. 5 in the so-called «Schübler Chorales». If there is no truly excellent cellist available, this organ arrangement from Bach's own pen may even today show the possible way for a satisfactory performance of this movement. The violoncello piccolo was a five-stringed instrument, of which the four lower strings were tuned as on the violoncello proper (C-G-d-a), and the highest string added the upper fifth e'. Nowadays this instrument has virtually ceased to exist, and in consequence the difficulty in performance arises that this concertante part cannot be played on the viola because of the frequently recurring notes B-flat, A-flat and G, whereas on the violoncello it is exceedingly difficult to perform owing to the many high passages — which, on the violoncello piccolo with its fifth string, presented no problem. Bach's organ arrangement, however, opens up the possibility of having the violoncello piccolo part played on the organ.

A short bass recitativo intervenes and is followed by a tenor aria with string accompaniment which, despite the big intervals in the vocal part, is quiet and melodious. The cantata ends with a simple final chorale, «Make manifest Thy might, O Christ».

The cantata was first published by Moritz Hauptmann in 1851 in Vol. I of the Old Bach Edition, and it is now also available in Vol. I/10 of the New Bach Edition, edited by Alfred Dürr in 1955. In the Eulenburg Miniature Score Edition it was issued as early as 1926 in a revision by Arnold Schering who at the time corrected a number of mistakes which occur in the Old Bach Edition without, however, revising the entire work completely. Such a complete and thorough revision for the purposes of this present edition has now been undertaken by Paul Horn, and a detailed account of his findings is to be found appended to the German foreword.

Spitta (Vol. II, pg. 554) gives 1736 as the year of composition of this cantata, and all the older Bach literature accepts this date. Even in the revision report of the New Bach Edition (pg. 45) Alfred Dürr still accepts this date, though with some caution, stressing that in order to ascertain the precise date of composition with utter certainty it will first be necessary to examine all sources of the same watermark within the framework of the researches of the New Bach Edition. Dürr was able to publish the results of this research work in the Bach Yearbook 1957, and to show that this cantata was doubtlessly composed as early as 1725 and had its first performance in Leipzig on Easter Monday of that year, 2nd April.

In order to avoid a complete re-engraving of this miniature score, I have retained the lay-out and the order of instruments of the Schering score referred to above.

Hans Grischkat

Bleib bei uns, denn es will Abend werden

(Kantate auf den 2. Osterfeiertag)

N.° 1. Coro

Johann Sebastian Bach
1685 – 1750

EE 4621

2

E. E. 4621

8

10

E. E. 4621

12

Nº 2. Aria

16

18

Nº 3. Choral

Violoncello piccolo

Soprano

Continuo

Allegro

Ach bleib bei uns, Herr Je - su Christ,
In die - ser letzt be - trüb - ten Zeit

Nº 4. Recitativo

Basso Es hat die Dun - kel - heit an vie - len

Continuo

B. Or - ten ü - ber-hand ge-nom-men. Wo-her ist a - ber die-ses kom-men? Bloß da -

Cont.

B. her, weil so-wohl die Klei-nen als die Gro-ßen nicht in Ge-rech-tig-keit vor

Cont.

B. dir, o Gott, ge-wan-delt und wi - der ih - re Chri - sten-pflicht ge -

Cont.

B. han-delt. Drum hast du auch den Leuch-ter um-ge - sto - ßen.

Cont.

daß wir nicht auf den Sün-den-we-gen ge-hen, auf den Sün-den-we - gen ge - hen.

Laß das Licht, das

№ 6. Choral